JN419031

연어는 왜 돌아오는가

엄의현 시집

문학공원 시선 184

연어는 왜 돌아오는가

엄의현 시집

인생 바다에서 듣고 배운 문물을

고향으로 돌아와 산란한 詩

연어가 삶을 울리고 인생을 매질한다

먼 바다로 나갔던 연어가 돌아왔다

문학공원

자서自序

철학적인 이야기지만 사람에게 가장 중요한 공부는 사람 공부이다.

자신의 삶이 가치가 있으려면 인간에 대한 이해와 사람에 대한 예의가 있어야 한다.

나이 들어 시詩 공부를 시작했다.
인간과 사람에 대해
관계와 관점에 대해
관심 가는 대상들에 대해
세심한 관찰과 많은 생각을 했다.
그것들을 시어詩語를 통해서 이야기하고 싶었다.

동강과 서강을 품고 있는
영월에서 나고 자라 뿌듯하고 기쁘다.
나, 영월 살아요!
이곳의 아름다움과 사람들의 삶의 모습을 시적 언어로 표현하고 싶다.
시어의 소환 방법을 일깨워준 영월문인협회 초대지부회장을 지낸
서철수 시인에게 감사의 마음을 전한다.

세상여행은 속도가 아니고 방향이다.

차례

1부 고향집

2부 바람이 불어 비린내가 날렸다

차례

제3부 농협사거리를 지나다 보면

제4부 아버지 요리교실

차례

제1부

고향집

고향집

- 덕안당德安堂

본가의 당호는 덕안당이다
아버지와 어머니가 은행나무 아래 하송리에
새로운 터를 잡은 세월이 반세기가 지났다

덕안당 앞으로 새 길이 났다
부모님이 손수 덕안당을 짓고 삼십육 년 만에
주변환경이 많이 변했다

대문과 담장을 철거하고
쥐똥나무로 낮은 울타리를 만들었다
변화된 환경에 적응이 필요하다

부모님은 안개꽃이다
이제 아니 계시나 안개꽃처럼 살아계신다
생전의 모습 그대로이다

나무에 피는 연꽃

별 좋은 마당에 오십 살이 넘은
백목련과 자목련 두 그루
나무에 피는 연꽃
봄의 전령이다

꽃송이 붓과 닮아 목필이라 부르고
꽃 피려 할 때 북쪽을 향해 북향화라 부른다

태생이 화려하지만 꿀샘이
발달하지 않아
벌과 나비가 찾아들지 않고
잎보다 꽃이 먼저 핀다
꽃잎 큰 것은
생존을 위한 것이었으리라

덕안당 목련은 우아하고 고급스럽다
꽃 지면 큰 그늘 만들어
텃밭에서 태평농법으로 생산한 작물들로
만찬장이 되곤 하며
하지夏至의 긴 여름날 더위에
숨을 제공한다

엄영수嚴永守

할아버지의 존함
내가 기리는 분이다

내 기억으로는
말씀이 별로 없었고
여쭈어보면 답하고
행동으로 보여주셨다

손자가 초등학교 입학 전에
소풍을 가자고 하셨고
그 소풍에서
낚시하는 방법을 일러주셨다

진지가 끝나면 항상
밥이 한두 숟가락 남았는데
손자는 어른이 된 후에야 의미를 알았다
배부르기 전에 숟가락을 놓아라
삶도
그렇다

남의 손을 빌리지 않고

아흔 다섯 해를
세상여행하시고
고종명하셨다

전정금全貞琴

내 할머니

1909 기유년己酉年 닭띠 해
신기동新基洞서 세상여행 시작해
스물한 살 개울 건너 윗동네로 시집가셨네

세상과 자연에 순응했고
칠 남매의 생명을 두셨는데
핏덩이 아들 딸 넷을 잃었네

아버지 등교길은
새터에서 영월 읍내 오무개까지
가는 길목 각한재角汗岾를 넘었고
할머니는 동구 밖 벗어나면 식어버릴
고무신 부뚜막에 데우시네

손주들 차별이 없었고
손자도 손녀도 골고루 아끼셨으나
제수용 암탉의 뱃속 달걀은
장손에게 제일 큰 것을 주시네
손자는 할머니와 새터마을 출발해 연당역과

영월역 거쳐 덕포시장까지 짧은 나들이의 길잡이
짚으로 엮은 열 개들이 계란 한 줄 온전하게
운반하는 임무가 주어졌네

배 아프면 불러주던 노래
내 손이 약손이다
내 손이 약손이다
아프던 배 금방 나았네

장가丈家 들어 인사하러 새터 들리면
손자와 손자며느리에
무엇하나
먹여 보내려 하시네
손주며느리는 할머니 모습을
지금도 그리워하네
팔십 팔년 마지막
짧은 시간 어려움이 있었지만
남의 손 빌리지 않고 고종명하셨네

할머니 세상여행
산과 계곡 있었으나
아름다운 소풍이었네

그리움

윤주옥 여사
내 어머니

1935 을해년乙亥年 한반도면 신천에서
태어나 팔십 년을 걸으셨네

책 읽기를 좋아했고
자존감이 높았으며
어려운 사람 돕기를 즐기셨던 당신
쓸 데 없는 생각 말고 덕德 쌓으라는 말을 자주하셨네

정신적 무게감을 육체가 보듬지 못해
어느 날 갑자기 말문이 막혀
치매로 십 년 투병하셨네

함께 한 인연들
한 해가 지날 때마다
기억 속에서 하나씩 잃어
당신의 말년은 벌목된 산처럼
황량함 그 자체였네

어머니의 투병은
아들의 박사학위 연구주제가 되었고
그렇게라도 영감을 주셨네

이제는
꿈에도 나타나지 않으시네
참 보고 싶네

보덕사報德寺[1)]

그리움이 쌓이면
나는 보덕사에 간다
부모님이 보고 싶어

봄빛 불러 가고
봄 향기 따라가고
세심 연못 연꽃이 불러서도 간다

세심다원洗心茶院 다향茶香 그리워
육백 년 느티나무 숨소리를 찾아가고
가을 낙엽이 불러서도 간다

극락보전 앞마당은
아버지와 어머니의 혼례청이었다

사색과 쉼의 공간
인연을 생각하고
지나온 여정을 돌아보고
내일을 생각한다

---

1) 영월 발산에 있고 대한불교조계종 제4교구 본사인 오대산 월정사의 말사이며 조선 6대 단종 대왕의 원찰이다.

<

나는 보덕사에 간다
때로는 이유 없이도

된장찌개

장성한 아들과
팔순이 다된 아버지가 함께
아침상을 차린다

아들은 밥을 짓고
아버지는 된장찌개를 끓인다

찌개를 끓이던 아버지가
지난밤 꿈자리가 사나웠는지…

"이 나이에 된장찌개를 끓이고"
푸념과 동시에 간을 보던 숟가락을 놓는다
아들이 마음먹기에 달렸다고 하니
"너도 내 나이 돼봐라…"

괜한 대꾸를 했다
그때가 그립다

눈으로 들어옵니다

사랑은
눈으로 들어옵니다
또 보자는 말은 사랑입니다
그런데
뵐 수가 없습니다
가슴속
마음으로
만나야겠습니다

방향方向

내가 기억하는
할아버지는 말씀이 없었고
행동으로 말하셨다
손자가 초등학교 입학 전에 소풍을 가자고 하셨고
그 소풍에서 낚시는 하는 방법을 일러주셨다
서른세 살이 되는 동안
장손에게 장가丈家를 들라는 말씀을 하지 않았다
아흔 다섯에 고종명하셨다

할머니는
마음이 고우셨으며
천상 예전의 한국 여인이었고
제수용 암탉의 뱃속 달걀은 장손에게
제일 큰 것을 주셨다
여든 여덟에 아름다운 소풍을 마치셨다

아버지도
나에게 어떻게 살라는 말씀이 없었으며
술 한 잔 하시지 않으면 묵언 수행이셨다
마음이 여렸고
속 깊은 선비였으며

아들이 박사학위를 수여 받는 날
할아버지에게 면목이 선다고 말씀하셨다
영월의료원에 일주일 입원하시고
세상여행을 마치셨다

어머니는
말씀을 하셨다
덕德 쌓으라고…

요리골목에서는 분粉냄새가 났다

동강문학회 월례회에서
소주 몇 잔 마시고 요리골목을 걷는데
옛 기억이 소환되었다

초등학교 오학년
무렵에는
고향의 인구가 십이만이 넘었고

어머니의
명령에 따라
아버지를 모시러 요리골목에 간 기억이 있다

요리골목에는
대성여관 장성집 동술로 제일옥 광명각과
희망여인숙 부흥여관 선학루 미락 삼오정이 있었고
서울여관 홍미정 풍년관 하얀집 한복집 장춘식당도
있었다

그 요리골목에서는
분粉냄새도 났지만
사람 냄새가 있었다

쥐똥나무꽃

하얀색
쥐똥나무꽃이 피었다

향기가 좋다
벌들이 모인다

덕안당 앞에 새로운 길이 나고
주변 환경이 많이 변해
담장을 허물고 쥐똥나무로 낮은
울타리를 만들었다.

꽃이 피어나니
귀한 벌들이 모인다

이끼

이끼는 생명을 품는다

새로운 희망을 품고
약속의 땅이라 불렸던 그곳에
사람들이 몰린 적이 있었다

태백은 검은 도시였고
요란하게 울리는 앰뷸런스 소리가
무서운 곳이었다.
탄광 지하막장에서 사고가 났기 때문이다
남편과 아버지를 잃은 것이다

그곳에는 드잡이도 있었고
사람 냄새가 났었다
지금은 사람들이 떠난다

그곳 장성으로 스무 살 무렵에 시집을 가신
고모 엄옥순 여사가 구순을 바라보며
홀로 계신다

한강 발원지 검룡소에 가면

푸른 융단으로 불리는
이끼가 생명을 품고 있다

태백이 이끼였으면 좋겠다

꽃밭에 꽃이 없다

하늘의 시간을
빌려온 세월이
산을 넘고 강을 건넜다

이제는
숲속의 모든 생명이
아름답게 느껴지는
시간이 되었다

오늘 참 아름답다

오월과 유월 사이

나에게 오월은
새싹이고 푸르름이다
감자 싹이 나고
옥수수도 싹이 돋고
목단이 지고 작약이 핀다

감자는 아버지와 어머니도 심었고
할아버지와 할머니도 심었으며
그 선대의 어르신들도 심으셨다
당신을 따르겠습니다

옥수수는 알곡 세 개를 놓는다
하나는 새들이 먹고
또 하나는 벌레가 먹고
또 하나는 내 몫이다

오월과 유월 사이
신록과 마음에서
시월의 가을이 보인다

박찬갑의 나는 누구인가 전展

입이 큰
돌사람
무엇을 말하는지
이해할 수 있는가

걷는 사람도
뛰는 사람도
다리를 벌리고 있는 사람도
다리를 모으고 있는 사람도
어린이도 어른도 있고
혼자서도 있고 가족과 함께도 있다

도시에도 시골에도 있고
집 안에도 집 밖에도 있고
웃는 사람도
우는 사람도 있고
슬픈 사람도
기쁜 사람도 있다

모든
사람이

바닥에 모여
세상여행을 하고 있고
소풍은
소중하고 아름답다

입이 큰
돌사람
무엇을 말하는지
너는 누구인가

감자 캐는 날

어제는 감자 캐는 날이었네

지난 봄 경운耕耘한 텃밭에
아내와 함께 비닐 멀칭을 하고
딸과 함께 감자C를 놓았네

햇볕과 바람
비 몇 말
새들의 노랫소리
발자국 소리
한참이 지나서 감자꽃을 보았네

서울에서 소환된 아들과
온 가족이 땀을 흘리네
점심은 아내표 메밀냉면
감자 캐기를 마치니 빗줄기 굵은
소낙비가 내리네

햇감자 몇 알로 부치기를 만들고
찐 감자로 저녁을 대신했네
더도 덜도 말고 오늘만 같아라

주말의 여행이었네

내일쯤
감자 몇 알 도착할 것이네
부침개 만들어 햇감자 맛보시게

봉평

늦털매미 울음소리가
청량한 한여름의 가운데 말복이다

인연이 된 세월이 삼십 년
폭염의 여름밤 남안동 냇가서 멱 감던
예전의 봉평은 아니지만 여전히 매력적인 마을이다

초가을 효석문학관 아래 들녘은
가산의 표현대로 소금을 뿌린 듯이
흐뭇한 달빛에 숨이 막힐 지경이다

예전의
봉평장 좁은 골목에서는
사람 냄새가 났다

봉평의 사람들이
세상 뭇 사람들에게 효석을 팔지만
예전의 가산이고 봉평이었으면 좋겠다

제2부

바람이 불어
비린내가 날렸다

분노의 시간은 기억해야 한다

분노의 시간을 기억해야 한다

개인의 삶은 역사다
그 세월 속에는
영화 소설 시詩적 요소가 담겨 있다

영혼을 구속당했던 스물두 살 무렵
세상의 흐름 속에서 공권력에 의해 죽지 않을 만큼
매질을 당했고
잠을 재우지 않아 환상 아닌
꿈을 꾸었다

살아서 나가면 제도와 환경을 바꾸는
일을 하겠다고 다짐했고
분노의 시간을 애써 잊으려 하지 않았다

원하지 않는 기억의 상실은 크나큰 슬픔이고
벌목된 산처럼 황량함 그 자체이다
기억한다는 것은 생존하고 있는 것이며
기억되는 것은 존재하지 않음이라는
것으로부터의 구제이다

<

살아가는 것은 묻고 답하는 것이며
슬기롭게 묻고
현명하고 멋지게 답해야 한다

분노의 시간은 기억해야 한다

하늘 바다가 열린다

초가을 하늘이
한 뼘도 보이지 않는 새벽
학당골鶴堂谷 운동장을 돌고 있는데
달빛이 따라왔다

영월엄씨 선산이었던 동을지산冬乙支山
단종 능 장릉 주위에 사가私家 묘는 있을 수 없다 하여
이장移葬 위해 파묘하니 학 세 마리 힘찬
날갯짓
흰재의 와우형臥牛形 묘자리로 날아와
학당골이라 했다 하네

학동學童들의 글 읽는 소리와
이름 모를 유택에서 흘러나오는
울음소리가 들려오고
바람이 이슬을 털고 있다
달빛이 사라지고
희미하게 밝아오는
붉은 새벽에
하늘 바다가 열린다

글 읽는 학동들에게 희망의 빛이
운동장을 돌고 있는 생명들과
이름 모를 유택에 상서로운
빛이 내린다

삶의 행간을 읽는다

- 벽산의 새로운 노무현 서각전을 보고

삶의 행간을 읽는다

100년 전 상하이
나라 잃고 실의에 빠진 우리 민족에게
희망을
일깨우고 조국 독립을 위해 전생애와 목숨을 바친
영웅들이 있었다

오늘 그 곳 상해에서
한 인간을 다시 불러 기억하고
삶의 행간을 살핀다

10년 전 세상여행을 마친
바보 노무현

그는 말했다
정치에서 가장 중요한 것은 역사에 대한 인식이며
사람은 꿈의 크기만큼 자란다
따뜻한 사람이 되어야 한다
국민이 대통령이다
큰 새는 바람을 거슬러 날고

살아있는 물고기는 물살을 거슬러 오른다

벽산碧山[2)]은 그 의미와 느낌을
한 땀 한 땀 각刻으로 표현했고
그를 담고자 한다

처염상정處染常淨
사람 사는 세상
그가 그립다

삶의 행간을 읽는다

---

2) 고진국 前영월군의회 의장 · 현現 영월 각심회 회장의 아호雅號이며, 2019년 10월 12일 중국 상해에서 개막된 노무현 대통령 서거 10주기 <새로운 노무현> 서각전에 동행하여 그 느낌을 시어詩語로 표현했다.

바람이 불어 비린내가 날렸다

부처님오신날은 할머니 기일
유택幽宅을 돌아보고
예초기로 이발을 해드렸다

어린풀이 베이는데 냄새가 났다
어린것의 죽음에는 비린내가 났고
바람이 불어 비린내가 날렸다

할머니는 어린 생명의 비린내를 어떻게
참아내고 견디셨을까
그것도 네 번씩이나

유택에 앉아 하늘의 구름을 본다
태어남은 한 조각 구름이 생겨남이고
죽음이란 한 조각 구름이 흩어짐이라[3)]

---

3) 生也一片浮雲起　死也一片浮雲滅

문상問喪

한밤

오랜 친구의 빈소에서
유족들에게 조문을 한다

생전의 인연과
세상 섞임을
돌아보며 추억에 잠긴다

상가喪家에서는 인간이 되고
세상으로 나오면
잡놈이 된다

인간과 잡놈의 반복
세상여행 마칠 때는
인간이기를 소망한다

초가을 새벽이 맑다

길을 나섰다

학당골鶴堂谷 운동장에서
걷고 달리고 한 시간 남짓이다

숲으로 들어왔다
숲속에 수많은 생명이 있고
그 삶이 치열하다

모든 것이 아름답다
야생화에 이슬이 맺혔고
초가을 새벽이 맑다
또한 차다

효당서실曉塘書室

시월의 어느 날 오후 네 시

흙으로 된 마당에서
혼자서 들 수 없는 돌덩이를
밀어서 옮긴 흔적이
삶이다

문방사우文房四友도
침묵과 여백도
성품과 느낌대로
흑과 백의 싸움이 한창이다

먹 향이 배어 나오고
향香 깊고
창으로 들어오는
가을 햇살이 따스하다

평원平圓

평평하고 둥글다
시작도 끝도 없다는 것이다

서예를 시작하고 3년 정도 지나서
율림栗林[4] 선생님이 주셨다

깊은 뜻이 있다고
짧은 말씀을 하신다

내 소망을 선생님이 읽었다

4) 김태숙金泰淑 서예가의 아호

심心

마음이
탁濁해지면
보덕사에 간다

흔적

깊은 가을에
오랜 벗과 어탕국수 한 그릇

나옹의 서운산瑞雲山 청룡사
남사당 바우덕이 김암덕金岩德
카페 여우가 말했다

삶의 모습이고
기억이며 역사다

태화산

영월군과 단양군 경계
영월읍의 안산案山이다

태화산성太華山城에서 세월의
소리와 병졸들의 함성이 들린다
삼국시대 전략적 요충지였다고

부드러운 능선 길에서
계절이 흐르고 발아래는
남한강 옥색 물빛이 흐른다

각동리와 오사리 마을의
평화로움을 가슴에 담는다

남한강 너머 마대산이
남으로는 소백산 주능선이
눈으로 들어온다
세상은 멀리 볼 일이다
그래야 아름답고 살만하다

그 강에 가고 싶다

영월의 숨겨진 진주 서강西江

오대산 남쪽에서 시작한 평창강과
태기산에 시작한 주천강이
영월 한반도면에서 만나 이룬 강

호랑나비 노랑나비 실잠자리가 날고
비오리 수달 쉬리 쏘가리 꺾지가 살고
금낭화 가는구철초 산국 생강나무가 함께 하는 강

물길이 순한 암강
인간과 어우러진 강
대한민국 한반도를 품고 있는 강
청령포를 가두고 단종의 눈물을 받아준 넓은 강
수많은 전설을 품고 있는 강
쉼과 사색의 강

상선약수上善若水
그 강에 가고 싶다

셋 중에 하나

사람을 알고 나서
처음에는 괜찮고 좋았으나 갈수록
이게 아닌데 하는 생각이 든다면

셋 중에 하나이다

첫째는 그 사람이 처음부터 나쁜
사람이었거나

둘째는 내가 어리석은
사람이었거나

셋째는 내가 나쁜
사람이거나

냄새

생선을 쌌던 종이에서는
비린내가 나고

향을 쌌던 종이에서는
향내가 난다

마음에 품은 생각과 표현하는 말은
내 향기가 된다

42.195km

생각하는 대로 살지 않으면
사는 대로 생각하게 된다

마라톤 풀코스 열두 번
가을의 전설인
춘천마라톤에서 열 번을 완주했다

사람들은 다양한 이유로
극한에 도전하고

풀코스를 뛰는 중에 사선死線을
여러 번 만난다

바람이 일어야
풍경風磬이 운다고 생각하며
내 마음을 달랜다
나는 소음 때문에
신호를 놓칠까봐 달린다

연어는 왜 돌아오는가

먼 바다로 나갔다
태평양 넓은 바다에서
살아남았다

모천회귀성母川回歸性으로
산란기에 소하溯河한다
반드시 부화孵化되어
자라던 하천으로 돌아온다

가수 강산애는 연어의 귀소여정歸巢旅程을
도무지 알 수 없는 그들만의
신비한 이유라고 노래한다

사람들은 왜 고향을 기억하고
또 돌아오는가
몇 해 선배가 이런 말을 했다
이제 영월사람 같다
나는 영월사람이 아닌 적이 없었다
등짝에 땀이 흐른다

김용택은 '시詩는 먼 데서 세상을 울리고

세상을 매질하는 것이다'라고 한다
연어가 삶을 울리고
인생을 매질한다

먼 바다로 나갔던
연어가 돌아왔다

종강과 새로운 시작

2017년 12월 7일

오늘은 이번 학기 강의가 종강이다

학교에서의 생활도 다음 주에 있는 기말고사가 마지막이다

생각이 많다

비워야 채워진다는 생각이 머리에 가득하다

대학에서 강의를 시작한지 17년이 되었다

중앙대학교에서 학위를 수여 받고 젊은 친구들과 토론을 한 지 10년이다

수강생 중에는 70세에 가까운 분도 계셨다

대학에서 교수라는 직함을 가지고 강의를 했지만 스스로 배우는 것이 많았다

일흔에 가까운 어르신 수강생에게서는 이런 것을 배웠다

세상에 대한 호기심을 놓아버리면 죽은 것이다

루신의 단편소설 「고향」 중에는

“희망이란 있다고도 할 수 없고 없다고도 할 수 없다

그것은 마치 땅 위의 길과 같은 것이다

본래 땅 위에는 길이 없었다

걸어가는 사람들이 많아지면 그것이 곧 길이 되는

것이다"라는 표현이 있다

나는 부모님을 여의고 7년 전에 귀향을 했다
고향 영월에 새로운 길을 내고자 열심히 걷고 있다
그 걷기에 많은 사람들이 동행했으면 하는 마음이 간절하다

대학에서의 생활이 나를 많이 성장시키고 성숙하게 만들었다
참 소중하고 고마운 세월이었다
나에게는 고마운 시간과 세월이지만…
아내와 딸과 아들에게는 힘든 시간과 세월이었다
그래서 가족들에게 고맙다

학교에서 인연이 된 나를 알고 있는 모든 사람들이
항상 건강하고 여여如如하기를…

여불비례餘不備禮

상식과 편견은 종이 한 장

고향의 작은 도서관에 갔다 사서가 책을 정리하고 있을 뿐 방문객은 없었다 현대 도서관의 존재 이유는 복합적이다 책을 읽기 위한 공간만은 아니다 읽고 있던 책에서 공감되고 기억하고 싶은 글귀를 휴대폰으로 찍었다 사서가 다가와 사진은 밖에서 찍으라고 한다 이용객이 한 명인 도서관이 아주 조용해야만 하는가 사서가 책 정리를 위해 밀고 가는 북 트럭의 바퀴 소리가 천둥처럼 들린다 상식과 편견은 종이 한 장 차이이다

제3부

농협사거리를
지나다 보면

농협사거리를 지나다 보면

이른 아침에
농협사거리를 지나다 보면
가끔 구수한 냄새가 발목을 잡는다

크림 채소 고기가 들어있는 것
구운 것과 튀긴 것
부드러운 것과 덜 부드러운 것
큰 빵 작은 빵 더 작은 빵

빵 맛은 주관主觀이다
배고픈 사람
식욕이 왕성한 사람
입맛이 없는 사람

빵을 쉽게 먹을 수는 없을까
없다
빵은 진실이고
뻥은 거짓이다

연鳶

연실을 잡고 있는 손맛과
아무것도 잡지 않은 손맛은
사뭇 다르다
팽팽한 긴장감
끊어질 듯한 바람을 견디는 연실

내 기억에서 사라지는 것들의 목록

하송리 골목길 국수집에 널려 있던 긴 국수발
영월 읍내를 가로지른 태백선 철길을 함께 걷던 친구
연당역에서 영월역까지 짧은 기차여행
철 다리 세 번째 교각까지의 수영시합
할머니와 함께한 덕포시장 나들이
덕안당에서 들리던 열차의 기적소리
상동식당 부근 아주 깊게 파였던 철길 건널목
스포츠파크 지점 서강의 샛강 물소리
샛강에서 어항 놓아 잡던 피래미
하송리 사람들의 생명수였던 하늘샘
오무개 가는 길목의 콩나물 공장
장릉 능동천의 가재잡기
봉래산 굴 물에서 더위를 식히던 여름밤 등목
대내竹川洞 군부대 입영훈련
복다방 대원다방 우연다방
KBS 영월방송국 정오의 희망음악
방송국에서 발표한 고등학교 합격자 수험번호
장릉 연못과 동강 낙화암의 스케이트장
스케이트 날 칼갈이
얼음 축구와 따끈한 오뎅국물
마차에서 발전소까지 석탄운반용 삭도

겨울밤 방개떡장수 목소리
어머니의 다듬이질소리
외가 옆에 있던 솜틀집
재봉틀소리
세상여행 마치고 떠나는 날의 요령소리

무엇이 모이게 했을까

무술년茂戌年에
처음 만나 해가 바뀌고
아름다웠던 기해년己亥年이 가고 있다

글마루 첫 동인들의
마지막 야외수업에 같이
할 수 없어 아쉬웠네

만남의 동기는
무엇이 모이게 했을까

이만큼 나이 들어
시어詩語를 소환해
삶을 돌아볼 수 있는 기회를
가졌으니 참으로 다행이다

내가 몸담고
사는 동네가 자랑스러운 공동체라
느낄 수 있는 기회를 스스로 가졌으니
이 또한 행복하다

기대를 가득 안고
경자년庚子年이 오고 있다

오늘의 생각

2019. 02. 12
시는 어렵지 않다
완벽하게 완성하려고 하지 마라
남다른 정신에 옷을 입힐 때
시적詩的 울림은 탄생한다
살아가는 것도 매양 한가지다

주제어

2019. 11. 05
글마루 문예창작반
강의주제어는 다음과 같습니다

시 한 편은 인간이 만들 수 있는
가장
아름다운 세계입니다

오늘도 우리는
이 아름다운 세계에서
시 같은 삶을 살아가고 있습니다

시 한 편으로
위로
받는 시간이 되길 바랍니다

팔도강산

그 집에 가면 삼척 바다냄새가 난다

서부시장에 있고 생선찜이 일품인 곳이다
그곳에 들리는 사람들
대화의 행간에는 죽서루도 있고
큰 내[川]가 동으로 흐르는 꾸불꾸불
오십천도 있다
울창한 숲도 있고
앙상한 가지만 남은 나무도 있다

저녁 무렵에는 푸른 바다가 반짝이며
바위 벼랑에 부딪쳐 부서진다

그 집에 가면 바다냄새가 난다

시장풍경 · 1

서부시장 일품
서부순대
서철수 선배님의 시詩
<그 집에 가면>

“속이 훤히 보이는
사람과
돼지 창자에 투박한 인정 섞어
맛을 내는 시장 순대국밥 집”

글마루 동인회 야외수업
문학,
길이 없는 길

생각하고 또 생각하고
읽고 읽고 또 읽고
쓰고 쓰고 또 쓰는 것이다

이것이 시詩

시장풍경 · 2

서부시장
태복분식
여주인은 주름진 얼굴에
항상 웃는 모습이다

그 웃음은
메밀전병과 부치기처럼
명품이다

반가운 인사
웃음이 그리워 내일도
가고 싶네

비에 흠뻑 젖어본 사람은 알지

비에 흠뻑 젖어본 사람은 알지
비가 사랑이고 기억이며
그리움이라는 것을

곡우穀雨에 내리는 비는
하늘이 땅에 주는 젖이고
인간에 대한 사랑이다

양철 지붕에 떨어지는 빗방울소리가
사랑에 빠진 연인들의 심장이
뛰는 소리와 같다는 것을
나이가 한 참 지난 뒤에 알았다

호젓한 비 내림은
빈대떡과 막걸리를 떠올려
전통시장 허름한 선술집의 주모를 찾게 한다

비에 흠뻑 젖어본 사람은 알지
사랑이고
기억이며
그리움이라는 것을

K양

성탄절이 자기 생일이라고 우기는 여자가 있습니다 삼십육 년 전 한 친구의 결혼식에서 처음 만났습니다 그 시절에는 남들이 하고 사는 일들을 다하고 살겠다고 다짐하는 자리였습니다 그 후 대학로 바탕골 소극장에서 만났고 선잠을 자기도 했습니다 환갑을 지나고 보니 나와는 다른 인간형입니다 좀 게으르기는 해도 K양은 매력이 있고 괜찮은 여자입니다 여전히 성탄절을 자기 생일이리고 합니다 나는 그 여자의 생일은 성탄절로 하기로 했습니다

새벽 달리기

새벽에는 학당골 운동장으로 간다. 일상이 되었다 군데군데 막혀서 흐름이 끊기고 몸에 이상이 생겨 달리기를 시작했다 20년이 되었다 달리기를 통해 삶의 계곡을 넘었다 몸도 피도 잘 흘러야 탁해지지 않는다 마음과 몸의 흐름이 좋지 않을 때는 두 가지 방법으로 해결한다 부지런히 움직여서 피를 돌리는 것이고, 다른 하나는 잠깐 멈춰서 탁한 찌꺼기들이 가라앉을 때까지 기다리는 것이다

그대

사람이 아름답다
당신이 그렇다
그대가 사람이다

그날

기해년 설날
이틀 전 주일

세상의 인연으로
가끔 들리는 교회 목사님의 말씀
안도현의 시詩를 인용하여 묻는다
너는
누구에게 한 번이라도 뜨거운 사람이었느냐

자신보다
남을 배려하고
자신을 내려놓고
그런 사람들을 잊지 말아야 한다

지금 내 곁에 있는
이들의 소중함을…

점심 한 끼 사면서

점심 한 끼 사면서 많은 말을 했다

이천십일 년 음력 정월 초아흐렛날
딸아이 고등학교 졸업식 날
우리 나이 갓 스물
내 고등학교 졸업식도 생각났다

아이는 글 쓰는 일을 하면서 살고자 했고
문창과에 진학했다
입학 허가를 받는 날 안양에서
젊은 작가가 굶어서 죽었다는 뉴스가 있었다
가슴이 아팠고
그래도 자기가 하고 싶은 것을 일찍 정해서 고마웠다

졸업식 끝나고 점심을 사면서 이런 이야기를 했다
공부하고 책을 읽는 이유는
다른 사람의 생각을 이해하고
자신과 상대방의 입장에서
동시에 세상과 사물을 바라볼 줄 아는
능력을 키우는 것이다

따뜻한 봄날이
그립고 그 아이는 지금
새내기 요가 선생님이다

졸업식 날에
그동안 애썼다는 말은 했지만
점심 한 끼 사면서 너무 많은 말을 했다

정동진[5)]

바다는
여전히 푸르고
아름다운 모습으로 다가옵니다
때로는
거칠고 사납고 무섭고 외롭기도 하지만…

첫 경험은 항상
기대 염려 걱정이 교차합니다
그럼 기대로 맞을 일이다

새로운 항해의
첫 출항을 축하합니다

---

5) 2019년 4월 27일. 50년 인연 죽마고우의 아들 결혼식 주례를 부탁받았다. 결혼식 전인 4월 8일 강릉 정동진에서 신랑과 신부를 만나 점심을 같이하며 살아가는 이야기를 했다. 정동진 바다가 두 사람의 앞날과 같은 생각이 들었다. 주례사 마무리로 이 시를 낭독해주었다.

해운대 연가

금정산 범어사 기슭에서
찾아와 준 하룻밤의 인연
본대로 느낀 대로

그리움은 시를 쓰고
쓸쓸함은 음악을 듣고
참아내기 어려우면 소주를 마신다

꿈꾸는 것과
좋아하는 것을
가슴에 담으려면
고통을 견뎌야 한다

사람을 결속시키는 힘

어느 집단에서든
사람을 결속시키는 것은 대체로 두 가지

하나,
음식
따뜻한 마음
신체적 보살핌
돈이 제공하는 물질적 에너지

둘,
상대방의 목표에
관심을 기울여 주는 정신적 에너지
좋은 기억의 소환
함께하는 꿈

부모와 자식 간에도
인문학적 정서를 공유하지 못하면
물질적 욕구 충족이라는
이유 하나만으로 간신히 유지된다

제4부

아버지의 요리교실

아버지 요리교실

요리는 마음이다

내가 누군가를 위해
라면을 끓인 것 말고
요리를 해 본 기억이 있는가

요리는 마음이 우선이라는
평범한 진리를 확인한 것이
큰 소득이다
삶도 그렇다

서울에서 대학 다니는
아들이 집에 와야 숙제를 할 수 있는데
바쁘다고 한다
주말에는 오려나…

요리는 마음이다

수휴정樹休亭에서 · 1

바람이 분다
마곡에 우두풍이 부네

봄바람이 분다
춘풍에 향기 일어나네

말로써 향기를
날려 보내지 말아야겠네

수휴정樹休亭에서 · 2

말로
까먹지 말아야 한다

인생

남자는
철이 들면 끝이다

한 해가 간다

한 해가 간다

선달그믐날의 태양과
새해 첫날의 태양이 다르지 않지만
무술년 십이월은 남다르다

지난 일 년이 힘들고 어려웠다기보다는
생각이 많았다
내 생각을 이야기하고
그 생각을 동의同意받고
마음을 얻는 일은
결코 쉬운 일이 아니다

좋은 생각을 많이 하고
이야기하고
동의받고
마음을 얻는 과정을 반복하는 것이
삶이다

한 해가 간다
무술년 십이월이 간다

허업虛業

세상여행을 마친
어느 노老 정객은 정치를
허업이라 했다

사전적으로
겉으로만 꾸며놓고
실속이 없는 사업이다

과연
정치는 허업일까
깊은 뜻이 있다

미운 사람을 어떻게 해야 합니까

세상살이 어려움의 대부분은
일이 아닌 인간관계
굽이굽이 세상여행 복병처럼 나타나는
미운 사람들에 초연할 수 있다면

100세 어르신께
미운 사람을 어떻게 해야 합니까
인생 지혜 물으니
"냅둬 다 죽던데…"

꿈인지 생시生時인지 모를 서럽고
분한 눈물로 아침을 맞아도
분노의 칫솔질로 하루를 마감해도
소풍은 즐기는 것이다

영월의료원

할아버지도 아버지도 어머니도 이곳에서 보내드렸다 나도 이곳에 48일간 입원했었다 몸 아프고 병들 적에 와서 앓다 가던 곳이다 비용은 치렀지만 뭔가 좀 해주고 싶은 곳이다

질본과 정은경

2020 코로나19로 멈춰선 일상
우리는 바이러스와 싸우고 있다

그 중심에 질본[6]과 정은경이 있고
신뢰의 상징적 단어가 되었으며
정은경은 일 년 동안 머리가 하얗게 희었다

사회적 기여와 국가 신용이 상승했고
역설적으로
수많은 경제적 효과를 낳았다

자가격리를 체크하고 출근하는 일선공무원
백화점 엘리베이터 손잡이를 매일 수 없이 닦는 환경미화원
환자들의 건강을 보살피는 의료진

일부 언론만 보면 나라가 망할 것 같다
일부를 제외하면 우리는 잘하고 있다
개인의 방역과 타인에 대한 배려가
최강의 백신이다

6) 질병관리본부

우리 모두 격려하고 박수칠 일이다

질본과 정은경은 큰 역할을
한 것이 틀림없다

가수歌手[7]

마음에서 마음으로 흐르는 강을 만든다
이슬비도 폭우도 폭풍도 몰고 온다

그 강에는 공간을 초월하고
세대를 뛰어넘고
남녀노소가 따로 없다

세월을 끌고 가는
깊은 내공이
그 강에 흐른다

살다 보면 알게 돼
너나 나나 모두다
어리석다는 것을

마음에서 마음으로
흐르는
강을 만든다

---

7) 2020. 09. 30 방송된 KBS 2TV 2020 한가위 대기획 [대한민국 어게인 나훈아] 공연을 감상하고 느낌을 시어로 표현했다.

장대비

영월에
1972년과 1990년에 큰 홍수가 났다

집이 물에 잠겼다
마음에도 장대비가 내렸고
장마가 졌다

장마가 그치고 한참을 기다려
마음에 고인 빗물이 말랐다

춘천에는 가을의 전설이 있다 · 1

춘천에는 가을의 전설이 있다

춘천은
봄 내라고도 부르고
봄이 오래 머무는 곳이라고도 한다

참 깨끗하고
아직 일어나지 않은 일이나
존재하지 않은 대상을 머릿속으로 그려보기 좋은 곳이다

가을의 전설인 춘천마라톤에 참가하기 위해
춘천을 찾는다
지난해 명예의 전당에 올랐다
주변 삼악산과 어우러진 의암호수의
아름다움이 펼쳐지는 가을의 주로走路는 환상이다

풀코스를 달리는 중에 사선死線을 여러 번 만난다
춘마를 통해 삶의 계곡을 건넜다
어떻게 살았고 어떻게 살려하는가
춘천은 마음을 정화할 뿐만 아니라

생각의 깊이를 더해 준다

춘천에는 가을의 전설이 있다

봉래산 굴 물

내성초등학교를 졸업한
한 친구가 말했다

우리는 굴 물이 빨리 터져
말을 일찍 배웠다

모두에게
행운이 있기를…

반쪽

반쪽은 불안해
집으로 가야 해요

빨간 수면제

내 아는 형님이
첫사랑의
아픔을 참을 수 없어서
처방전 없이 약을 모았다 하네

그러나 그 약을 먹을 수 없었다 하네

성학집요聖學輯要를 읽다

새해
경인년
이천십년 이월 삼일
일기에 이렇게 적고 있다

율곡은 시무론에서
창업 수성 경장을 말하고
자신이 살았던 시대를
경장이 필요한 시기라고 진단했다

마음이
복잡하지만
평상심을 가져야 한다
살만한 세상이다

태화강 행行 무궁화호

시집 한 권 들고
다시 울산 행이다
다녀온 지 일 년이 지났다
왜 또 가는가
외모도 중요하지만
속을 채우라고 윤주옥 여사는 말한다

우리 열차는 잠시 후 의성역에
도착한다는 안내방송이 나온다
풍기에서 인삼을 산 듯한 중년 여인의
목소리가 힘차다
점심때가 다가온다
카페 칸이 없는 열차다
점심으로 준비한 참치김밥으로
속을 채운다

저마다 속을 채운 무궁화호는
삶의 온기溫氣가 만원이다

초가을 창공

초가을 아침은 차다

좋은 사람들과
아침 이슬을 밟는다

영롱한 땅 위의
이슬 위로 보이는
파란 하늘 공간은 넓지 않다

넓지 않은 공간이
내가 가야 할 길
보이는 대로 느낌대로
날아가지 않는다

원래부터 길은 없었다
내가 나의 길을 내야 한다

초가을 아침이 차다

귀향歸鄕

- 수필

추석이 지나고 보름 정도 됐다. 그럼에도 추석의 풍경과 느낌이 지워지지 않는다. 아마도 이번 추석은 예전의 추석과 달랐기 때문인 것 같다. 이유는 개인적인 상황의 변화들로 인해 이번 추석은 지난 추석들과 많이 달랐기 때문이다. 계절은 여름의 한가운데를 지나 가을의 중심으로 가고 있다. 맑은 하늘과 색깔 고운 단풍이 아름다운 계절이다.

나는 지금 청량리역에서 출발한 무궁화 열차에 있다. 학교 강의를 마치고 고향 영월로 가는 길이다. 도로 교통이 발달하면서 기차를 이용하는 기회가 줄었다. 청년기에 이용하던 청량리역의 모습과는 너무도 다르다. 세월의 흐름을 이 곳, 청량리역에서도 느낀다. 몇 년 전의 여름이 생각났다. 몸과 마음이 참으로 힘든 시간이었다. 건강이 여의치 않은 어머니를 자주 뵙고, 아버지와 함께하는 삶을 위해 귀향을 준비했다. 고향으로 돌아오기 일주일 전에 아버지가 돌아가셨다. 부모는 기다려 주지 않는다는 옛말을 실감했다. 아버지의 49재에 친구 네 분이 쉼터에 오셨다. 49재 의식에 가족들과 함께하셨다. 느낌이 남달랐다. 돌아보면 아버지의 인생 팔십은 참으로 멋진 소풍이고 여행이셨다. 어머니 또한 지난해 추석 무렵에 세상여행을 마치셨다. 추석 삼 일

전에 일주기를 맞았다. 어머니의 인생 팔십은 몸과 마음 모두가 힘들었다. 마지막 십년은 벌목된 산처럼 황량했다. 치매로 인한 투병 때문이다. 요즈음 100세 인생을 노래한다. 건강하지 않은 100세는 마냥 축복이지 않다는 것을 체험했다. 계절이 바뀌는 과정에서 많은 생각을 하게 된다. 궁극의 질문이다. 무엇을 위한 삶이어야 하는가?

사람들은 욕구 충족을 통한 행복추구가 삶의 일반적 지향점이라고 생각한다. 그래서 경제학자 폴 새뮤얼슨은 "행복은 '욕망'을 분모로, '가진 것'을 분자로 놓는 것(행복=소유/욕망)과 같다고 말한다." 이 견해에 동의한다면 가진 것을 늘릴 수 없으면 욕망을 줄여야 한다. 사람들은 산업혁명 이후 생산성이 높아지면서 가진 것을 늘리면 행복할 줄 알았다. 그러나 행복하지 않을 수 있다는 것을 21세기에 들어서 느끼고 있는 듯하다. 사람의 욕망을 제로(0)로 하는 것은 불가능하고, 그래서 욕망을 효과적으로 제어하는 것이 중요하다. 아버지를 여의고 나이가 한참 된 지금에서야 철이 드는 느낌이다.

기차여행을 하면서, 한여름에 출간된 도종환의 시집 「세시에서 다섯시 사이」를 계절이 바뀌는 시기에 읽었다. 이런 구절이 있다. "산벚나무 잎 한쪽이 고추잠자리보다 더 빨갛게 물들고 있다 지금 우주의 계절은 가을을 지나가고 있고, 내 인생의 시간은 오후 세시에서 다섯시 사이에 와 있다. 내 생의 열두시에서 한시 사이는 치열하였으나 그 뒤편은 벌레 먹은 자국이 많았다." 나는 생각한다. 시인의 기준에서 보면 몇 시쯤 될까? 오후 한 시에서 두 시 사이, 씩 웃는다. 시인은 우리가 사는 생애를 '막차'라는 시(詩)에서 이렇게 표현한다. "오늘도 막차처럼 돌아온다. 오늘도 많이 덜컹거렸다. 급제동을 걸어 충돌을 피한 골목도 있었고 아슬아슬하게 넘어온 시간도 있었다. 그 하루치의 아슬아슬함 위로 초가을의 바람이 분다." 이 시를 읽으면서 청년 시절 막차를 일부러 놓아주었던 기억에 또 미소가 번진다.

이제 내가 태어나서 자란 곳으로 다시 돌아왔다. 말 그대로 귀향이다. 고향은 노인들이 전체인구의 30%를 넘었다. 초고령사회이다. 나도 노인이 될 것이다. 사람들은 꽃을 보고 아름답다고 한다. 그러나 곱게 물든 단풍이 꽃 못지않게 아름답다는 것을 요즈음 느낀다. 어르신들이 행복한 고향이었으면 한다. 고향에서 곱게 물든 단풍처럼 인생 2막을 마쳤으면 하는 바람을 가져본다.

작품해설

수구초심의 노래 그 모천회귀의 언어

김 순 진(문학평론가 · 고려대 평생교육원 교수)

‖ 작품해설 ‖

수구초심의 노래, 그 모천회귀의 언어

김 순 진(문학평론가 · 고려대 평생교육원 교수)

엄의현 시인은 영월이 자랑하는 인사다. 영월에서 태어나 고등학교까지 영월에서 마친 그는 가톨릭관동대학교를 거쳐 중앙대학교에서 행정학 석사 · 박사학위를 수여 받았다. 그 후 중앙대, 숙명여대, 안동대 상지대, 경북도립대 등의 대학교에서 강의했는데 그의 이력이 말해주듯, 그는 오랫동안 고향을 떠나 살았다. 그런 그가 오랜 교수 생활을 끝으로 고향을 돌아왔을 때 그의 앞에는 많은 일 들이 기다리고 있었다. 그리하여 그는 은퇴한 사람들의 전유물인 유유자적이나 현실 안주에 머무르지 않고 영월향교의 장의掌議을 맡아 영월의 전통문화를 챙기는가 하면, 영월문협 동강문학회에 가입하여 활발한 창작활동을 하면서, 그동안 고향을 위해 일하지 못해 안타까웠던 마음을 행동으로 실천하며 영월문화 발전을 위해 남은여생을 바치기로 작정한다. 동물들도 늙으면 고향으로 돌아온다고 한다. 말하자면 그의 시는 수구초심首丘初心의 노래를 부르고 있는 것이다.

치어로 인생바다로 나가 거친 물살에 잔뼈를 키우고 성어가 되어 고향의 강으로 돌아와 어릴 때 마음을 시로 발현한 모천회귀의 언어라 할 수 있다. 그런 흔적은 이 시집의 곳곳에 묻어나온다. 말하자면 그는 영월에서 태어나고 자란 한 마리 연어로 태평양 바다로 나아가 멀리 북태평양 캄차카반도를 거쳐 알래스카 해협까지 거친 파도를 헤치며 살다가, 이제 고향으로 돌아와 그동안 축적된 삶의 지혜와 풍부한 경험으로 고향 영월을 위해 봉사하고 싶은 것이다. 그런 그의 시에는 영월에서 경험한 탄탄한 진실 속에 전개된다. 시에 있어 진실이란 서사를 가리킨다. 서사, 즉 재미있고 감동스러운 이야기만 있다면 그 시는 어디를 가나 충분히 통할 수 있고, 그 시인은 존경받을 수 있다. 아무 수식이나 수사법 없이 오로지 스토리, 즉 진실만을 가지고 시를 이끌어나간다 할지라도, 진실이 탄탄하기만 하다면 그 어떤 시보다 진한 감동을 준다. 그런 점에서 엄의현 시인의 시는 탄탄한 진실을 통해 진한 삶의 감동을 주고 있는 것이다. 그러면 이쯤에서 엄의현 시인의 시 몇 수를 읽어보면서 "연어는 왜 돌아오는가"에 대하여 살펴보기로 하자.

동강문학회 월례회에서
소주 몇 잔 마시고 요리골목을 걷는데
옛 기억이 소환되었다

초등학교 오학년 무렵에는
고향의 인구가 십이만이 넘었고

어머니의 명령에 따라
아버지를 모시러 요리골목에 간 기억이 있다

요리골목에는
대성여관 장성집 동술로 제일옥 광명각과
희망여인숙 부흥여관 선학루 미락 삼오정이 있었고
서울여관 홍미정 풍년관 하얀집 한복집 장춘식당도 있었다

그 요리골목에서는
분粉냄새도 났지만
사람 냄새가 있었다

– 「요리골목에서는 분粉냄새가 났다」 전문

이 시는 엄의현 시인이 초등학교 5학년 때의 기억을 다시 떠올린 시다. 지금 영월군의 인구가 2020년 9월 현재 행정안전부 주민등록인구 현황 38,698명을 감안하면 그 당시 12만 명이 넘었다고 하니 대단한 호황의 시절이었다. 아마도 탄광과 시멘트공장, 영월화력발전소에 사람이 몰릴 때였을 것 같다. 산업이 발달함에 따라 시멘트의 수요가 폭발적으로 늘어나고, 도시에서는 집집마다 연탄을 피워 난방을 해결해야 했던 그 시절, 한 집 걸러 한 사람씩 연탄가스를 마시고 김칫국물을

퍼마시던 시절이 있었다. 그런 호황에는 으레 특수를 노리기 위해 식당과 술집, 그리고 여관들이 부흥하곤 한다. 내가 자란 고장 포천 이동은 군사지역이라 6.25 한국전쟁 직후 휴전선 주변으로 군병력의 숫자가 폭발적으로 늘어났다. 그에 따라 우리 동네도 수만 명의 병력이 주둔해 있었기에, 지금 우리가 농사를 짓는 논자리에 가수 고복수, 이난영이 카바레를 열었고, 동네에는 아가씨를 둔 술집이 10여개나 되었다. 어릴 적에 하기 싫은 심부름이 있었다. 하나는 돈을 받아오라는 심부름이었다. 돈 줄 사람은 준비가 안 돼 있는데 일한 품삯을 받아와야만 하는 상황에 놓일 때 서로 얼굴 보기가 난처한 부모님들은 곧잘 아이들에게 돈을 받아오라며 심부름을 보내곤 하셨다. 나는 물가로 가기 싫은 소처럼 떨어지지 않는 발걸음을 억지로 옮겨 그 집 대문에 가서 "아버지가 그러는데요, 품삯 좀 주시래요." 라고 하면 뻔한 대답 "지금 없어서 그러니 다음에 와." 란 퉁명스런 대답만 듣고 되돌아왔던 기억이 있다. 또 한 가지 가기 싫은 심부름이 있다면, 술 마시는 아버지나 화투 치는 아버지를 찾아오라는 심부름이었다. 우리들의 아버지들은 속칭 니나놋집이란 술집에서 작부酌婦들과 함께 젓가락 장단을 두들기며 '천등산 박달재, 백마야 울지 마라' 같은 노래로 담을 넘기며 술을 마셨다. 그런 중에 밖에서 "아버지, 아버지!"라며, 처음에는 모깃소리처럼 작은 목소리로 부르다가 이내 안 나오면 "아버지!"라고 고함을 쳐 아버지가 나오면 술이 얼큰한

아버지는 "알았어, 이눔아! 조금 있다가 갈게."라며 퉁명스럽게 대답을 하고 또 술집 안으로 들어가셨다. 그리고 이내 마치 나를 비웃는 듯한 작부들의 웃음소리가 들리곤 했다. 그때 그 어리벙벙한 내 몸짓은 지금 생각해도 싫다는 생각을 한다. 아마도 그 시절 소년 엄의현도 나와 똑 같은 기분이었을 것 같다. 엄의현 시인은 그런 사람들이 넘쳐나던 고향 영월의 호황시절이 그리운 것이다. 분을 짙게 바른 여자가 나와, "너 누구 아들이구나."하며 코맹맹이 목소리로 과잉친절을 보이며 분냄새를 풍기면, 소년 엄의현은 얼굴을 찡그리며 몸을 움찔했을 것이다. 그렇지만 엄의현 시인의 기억 속에는 영월의 영화榮華가 있고, 여인들의 분粉냄새와 함께 그 영화로운 시절마저 소환하고 싶은 것이다.

분노의 시간을 기억해야 한다

개인의 삶은 역사다
그 세월 속에는
영화 소설 시詩적 요소가 담겨 있다

영혼을 구속당했던 스물두 살 무렵
세상의 흐름 속에서 공권력에 의해 죽지 않을 만큼
매질을 당했고
잠을 재우지 않아 환상 아닌
꿈을 꾸었다

살아서 나가면 제도와 환경을 바꾸는

일을 하겠다고 다짐했고
분노의 시간을 애써 잊으려 하지 않았다

원하지 않는 기억의 상실은 크나큰 슬픔이고
벌목된 산처럼 황량함 그 자체이다
기억한다는 것은 생존하고 있는 것이며
기억되는 것은 존재하지 않음이라는
것으로부터의 구제이다

살아가는 것은 묻고 답하는 것이며
슬기롭게 묻고
현명하고 멋지게 답해야 한다

분노의 시간은 기억해야 한다

– 「분노의 시간은 기억해야 한다」 전문

이 시는 아마도 엄의현 시인이 군대에 갔을 때의 기억인 것 같다. 그 당시 군대 간 사람들은 이유 없이 매를 맞았다. 내가 소속되어 있던 본부대와 군악대 사이에 사병식당에서 싸움이 벌어졌다. 우리 식기를 군악대가 훔쳐다가 본부대란 글씨를 지우고 그 위에 군악대란 글씨를 써 넣은 것이다. 그걸 본 우리 부대 사병과 군악대 사병 사이에 싸움이 벌어졌다. 결국 숫자가 모자란 우리 부대 고참이 군악대로부터 집단 구타를 당했는데, 이 이야기를 들은 왕고참이 그날 저녁 취침 점호 후 내무반에서는 집합을 시켰고, 매타작이 시작되었다. 매를 맞는 이유는 없었다. “너 그 시간에 뭐했어?”라는 왕고참의 질문에 저마다 “휴가 중이었습니다.”, “보초를 서고 있었습니다.”, “내무반에 있었습니다.”라는 대답이 나왔지만, “이 새끼야, 고참이 매를 맞고 있는데 휴가를 가?”, “이 새끼야, 고참이 매 맞고 있는데 보초를 서?”, “이 새끼야, 고참이 매 맞고 있는데 내무반에 있어?”라며 병장을 뺀 모든 내무반원들을 곡괭이 자루로 20대씩 때렸다. 그때 나는 이를 너무나 큰 분노를 악물고 매를 맞았다. 그때 그 고참은 왜 그렇게 때렸을까? 이유는 내무반원들끼리의 단합심이 없다는 것이었다. 그 이후로도 그 왕고참은 “헌병대에 신고를 하고 싶으면 언제든 하라. 만일 내가 영창에 갔다 오게 되면 그 새끼는 죽여버리겠다.”고 엄포를 놓으며 자주 집합을 시켰다. 삼복더위 중 밤이면 풀밭에 속칭 빤빠라, 빤스 바람에 집합을 시켜 모기회식을 시켰다. 모기 수십 마리가 몸에 붙어 피를 빠는 형벌, 먼저 움직이는 사람은 나오라 해서 물먹은 물푸레나무나 버드나무 몽둥이로 매를 맞아야 했다. 물먹은 몽둥이는 아무리 세게 때려도 소리가 나지 않았고 매 맞은 엉덩이나 허벅지는 피범벅이 되기 일쑤였다. 영하 20도를 오르내리는 철원의 겨울 날씨에도 빤바라를 시켰다. 혹한기 겨울바람에 살이 찢어지는 듯 했고, 그때 누구라도 일장훈시를 견디지 못하고 움직이면 그는 가차 없이 군화발로 전갱이를 걷어찼다. 그때 내가 그걸 견디지 못하고 총질을 했거나 헌병대에 고자질을 했다면 나는 아마도 원만히 군대생활을 마칠 수 없었을 것이다. 후일 나는 "비굴함을 견디는 것이 진짜 남자다."라는 말의 뜻을 알게 되었다. 그때 나는 그 함마구리라 불리던 함씨 성을 가진 왕고참이 너무 싫고 죽이고 싶었다. 그의 이름을 지금도 분명히 기억하고 있지만 차마 여기서 그 이름을 부르기조차 싫다. 오죽하면 마귀라는 뜻의 하마구리라 불렀을까? 아마 사회에서 그를 만났다면 몽둥이로 뒤통수를 쳤을 것 같다. 그만큼 그가 싫었고 그에 대해 지금도 분노심을 가지고 있다. 엄의현 시인의 말처럼 "분노의 시간은" 분명히 "기억해야 한다." 그러나 같이 분노해서는 안 된다. 기억하되 똑같이 그래서는 안 된다. 엄의현 시인은 그때 기억을 지금도 생생히 기억하고 있지만 "나는 남들에게 악한 사람이 되어서는 안 된다."라는 교훈을 얻어 더 없이 인자하고 후덕한 사람이 되었을 것 같다. 분노의 시간은 기억하되, 나를 성찰하는 계기로 삼아야 한다는 엄의현 시인의 말에 공감이 간다. 그것이 졸장부를 진정한 남자로 성장시키는 방법이기 때문이다.

삶의 행간을 읽는다

100년 전 상하이
나라 잃고 실의에 빠진 우리 민족에게
희망을 일깨우고
조국 독립을 위해 전생애와 목숨을 바친
영웅들이 있었다

오늘 그 곳 상해에서
한 인간을 다시 불러 기억하고
삶의 행간을 살핀다

10년 전 세상여행을 마친
바보 노무현

그는 말했다
정치에서 가장 중요한 것은 역사에 대한 인식이며
사람은 꿈의 크기만큼 자란다
따뜻한 사람이 되어야 한다
국민이 대통령이다
큰 새는 바람을 거슬러 날고
살아있는 물고기는 물살을 거슬러 오른다

벽산碧山[8])은 그 의미와 느낌을
한 땀 한 땀 각刻으로 표현했고
그를 담고자 한다

처염상정處染常淨
사람 사는 세상
그가 그립다

삶의 행간을 읽는다

– 「삶의 행간을 읽는다 – 벽산의 새로운 노무현 서각

전을 보고」 전문

영월에는 각심회라는 조각가들의 모임이 있다. 엄의현 시인이 말한 벽산이란 호를 가진 전 강원도의원 고진국 수필가를 비롯한 여러 분들이 모여 칼끝으로 나무판 위에서 인내와 삶의 지혜를 깎아내는 모임이다. 아마도 그 모임에서 중국 상해의 <새로운 노무현>이란 서각전시회를 가졌고, 엄의현 시인도 동행했던 것 같다. 정치 이야기를 하고 싶지는 않지만 노무현 대통령 이야기는 좀 해야 할 것 같다. 진정으로 서민을 위해 살았던 대통령이 그였다. 많은 사람들은 박정희 대통령의 향수에 젖어 살지만, 나는 개인적으로 노무현 대통령만큼, 서민출신으로, 서민을 위해, 서민의 입장으로 사신 분은 없다는 생각을 가지고 있다. 우리나라에 많은 대통령이 있지만, 나는 그 중에 단연 노무현 대통령을 존경하고 사랑한다고 말한다. 노무현은 부산상업고등학교를 졸업하고 막노동판에 뛰어들었다가 독학으로 1975년 사법시험에 합격하였다. 대전지방법원 판사로 1년을 재직하다가 그만두고 부산에서 변호사 사무실을 개업하여 여러 인권 사건을 변호하였다. 제13대 총선에 출마하여 부산 동구에서 당선되며, 5공비리특별위원으로 활동해 당시 국정감사에 나온 5.18민주화운동 학살의 주범 전두환 전 대통령에게 자신의 국회의원 명패를 던져 일약 스타가 된다. 김대중 정부에서 해양수산부 장관을 지냈고 제16대 대선에서 대통령으로 당선되었다. 집권 중에도 서민들을 위해 전력을 다했지만 보수와 기득권 세력으로부터 견제돼 어려움을 겪는다. 퇴임 후 고향 김해의 봉하마을로 귀향하였으나 뇌물수수사건이 터지자 자택 뒷산인 봉화산 부엉이 바위에서 투신자살하였다. 사후 봉하마을에는 지금도 전국에서 서민바보 노무현 대통령의 숨결을 느끼기 위해 수많은 인파들의 발길이 끊어지지 않고 있다. 세상에는 나라와 국민을 위해 자신의 목숨을 초개와 같이 내던진 선각자들이 너무 많다. 그런 걸 생각하면 나는 개인의 입신양명만을 위해 산 것은 아닌가 하고 되돌아보기도 한다. 조국의 광복을 위해 죽음을 불사한 김좌진, 홍범도, 윤봉길, 안중근 등의 독립영웅들을 생각할 때, '나는 과연 나라를 위해 무엇을 했는가?'라는 반성을 하게 된다. 영월에는 오랜 공직생활을 하다 고향으로 돌아와 봉사하고 있는 분들이 많다. 그래서 영월이 활기 있고 희망찬 것 같다. 고진국 수필가, 서철수 시인, 신혜영 수필가처럼 계속 영월에 머무르면서 평생토록 고향을 위해 봉사하는 사람들이 있는가 하면, 엄의현 시인을 비롯하여 홍성래 시인 같이 고향에 돌아와 고향을 위해 노후를 바치려는 사람들이 있어 영월의 미래는 밝다. 처염상정處染常淨, 아마도 그들은 치열한 삶과 오염된 현실의 진흙탕 속에서 피어나는 연꽃 같은 분들이 아닐까 생각해보며 나도 고향 포천을 위해 고향으로 돌아가 일해야겠다는 생각을 가져본다.

먼 바다로 나갔다
태평양 넓은 바다에서
살아남았다

모천회귀성母川回歸性으로
산란기에 소하溯河한다
반드시 부화孵化되어
자라던 하천으로 돌아온다

가수 강산애는 연어의 귀소여정歸巢旅程을
도무지 알 수 없는 그들만의
신비한 이유라고 노래한다

사람들은 왜 고향을 기억하고
또 돌아오는가
몇 해 선배가 이런 말을 했다
이제 영월사람 같다
나는 영월사람이 아닌 적이 없었다
등짝에 땀이 흐른다

김용택은 '시詩는 먼 데서 세상을 울리고
세상을 매질하는 것이다'라고 한다
연어가 삶을 울리고
인생을 매질한다

먼 바다로 나갔던
연어가 돌아왔다

– 「연어는 왜 돌아오는가」 전문

엄의현 시인은 영월엄씨다. 영월寧越은 강원도 남부에 위치한 지명으로, 본래 고구려의 내생군인데 통일신라 경덕왕이 내성군으로 고치고 고려 초에 영월로 고쳐서 조선 1895년 영월군이 되었다. 영월엄씨寧越嚴氏는 엄림의嚴林義를 시조로 하는데, 그는 중국 한漢나라 시인 여요余姚사람 엄자능嚴子陵의 후예로 당唐나라 현종玄宗 때 새로운 악장樂章을 만들어 이를 인근의 여러 나라에 전파하기 위해 보낸 파락사波樂使로 신라新羅에 왔다가 본국本國에서 정변政變이 일어나자 돌아가지 않고 지금의 영월 땅인 내성군에 안주安住해 내성군奈城郡에 추봉되고 영월엄씨의 시조가 되었다. 그 후 중시조인 엄흥도는 시호가 충의공忠毅公으로 영월의 호장이다. 단종이 세조에 의하여 노산군魯山君으로 강봉되어 영월에 청령포로 귀양보내졌는데 관풍헌에서 승하하자, 엄흥도는 후환을 두려워하지 않고 단종의 시신을 아들과 함께 수습하여 영월의 북쪽 5리쯤 되는 동을지산冬乙旨山에 장사지냈는데, 그곳이 지금의 단종 묘가 있는 장릉莊陵이다. 엄흥도는 후일 숙종 때 공조참의에 증직贈職되었고, 영조 때 정문旌門을 내려졌으며 뒤에 공조판서에 증직되었고, 사육신과 함께 영월의 창절사彰節祠에 배향되었다. 그런 선비의 기개를 안고 태어난 엄의현 시인은 엄흥도의 직계 후손이다. 젊은 시절 낳고 길러준 영월을 떠나 큰 도시에서 생활하다 이제 고향 영월로 되돌아와 지금 산란 중인 한 마리의 연어다. 그동안에 태평양 같은 인생 바다에 나아가 거친 파도와 풍랑,

저 북태평양의 차가운 물살을 헤치며 듣고 배운 문물과 지혜를 이제 고향에 돌아와 산란하고 있으니 말이다. 연어가 고향에 돌아오는 이유는 단 한 가지 산란을 하려는 것뿐이다. 엄의현 시인이 대학강단에서 오랜시간을 보내고 고향에 돌아온 이유는 그저 인생의 말년을 유유자적하게 보내기 위함이 아니다. 낳고 길러준 고향에 대하여 진실로 감사하며 보답하고 싶은 것이다. 그리하여 영월의 문화에 대하여, 문학에 대하여, 그리고 향토사 및 향교, 제단 등의 제사에 대하여 적극적으로 참여해 영월을 대표하는 영월엄씨 가문으로서 역할을 충실히 수행해내고 있다. 엄의현 시인은 시에서 본인에 대하여 말하듯 한 번도 영월사람이 아닌 적 없는 뺏속까지, 피 한 방울까지, 터럭 하나까지 의심할 바 없이 분명한 영월사람이다. 그러나 나도 고향을 떠나 서울에서 살고 있듯, 그 고장에서 태어난 모든 사람이 고향에서 살 수만은 없다. 큰물로 나아가야 큰 물고기가 된다. 큰물을 경험해야 육질이 쫄깃한, 민물과 짠물을 견딜 수 있는 연어가 된다. 죽어서 제 몸을 새끼들에게 내줄 수 있는 연어가 된다. 그래서 나는 이 시집의 제목을 『연어는 왜 돌아오는가』 라고 붙이고 싶었다. 엄의현 시인은 자기를 낳고 길러준 고향으로 돌아와 고향에 학문과 문학, 문화의 알을 낳아 고향을 부흥시키고 싶었던 것이다. 충분히 일했으니 고향으로 돌아와 언덕 위에 하얀 집을 짓고, 그 집 마당에 잔디를 심고, 소나무 몇 그루 정원수를 가꾸며, 진돗개 한 마리를 길러 사냥

이나 다니며 어항을 놓아 물고기를 잡으며 살며 여생을 보내도 된다. 그렇지만 엄의현 시인은 그런 안주를 택하지 않는다. 그동안 해보지 못한 고향을 위한 봉사와 지역문화 창달을 위한 전령傳令을 택해 진자리와 어두운 밤길을 마다하지 않는 것이다.

이른 아침에
농협사거리를 지나다 보면
가끔 구수한 냄새가 발목을 잡는다

크림 채소 고기가 들어있는 것
구운 것과 튀긴 것
부드러운 것과 덜 부드러운 것
큰 빵 작은 빵 더 작은 빵

빵 맛은 주관主觀이다
배고픈 사람
식욕이 왕성한 사람
입맛이 없는 사람

빵을 쉽게 먹을 수는 없을까
없다
빵은 진실이고
뻥은 거짓이다

- 「농협사거리를 지나다 보면」 전문

대한민국의 모든 고장에는 농협이 있고 그 근처에 사

거리가 있다. 이를테면 농협사거리는 영월군에만 있는 것이 아니라 우리 마음속에 있는 고향의 번화가다. 빵은 밥에 대비되는 개념으로 서양과 동양, 신문물과 구습, 어른과 젊은이로 상징된다. 농협은 고향, 서정, 어머니의 이미지를 가진 반면에 빵집은 도시, 서사, 소녀의 이미지를 지녔다. 영월 농협사거리 근처에 제과점이 있는 것 같다. 그 제과점에서 빵을 굽는 냄새는 어른이든 아이든, 남자든 여자든지 간에 발길을 이끌게 마련이다. 엄 시인은 "빵은 진실이고 / 빵은 거짓이다"라고 말한다. 우리나라에서도 뮤지컬로 큰 흥행을 거둔 바 있는 '레미제라블'의 주인공 장발장은 빵을 훔친 죄로 19년의 감옥생활을 해야만 했다. 배가 고파 빵을 훔친 죄는 죄인가? 배고픔은 진실이고 죄는 거짓이다. 밀가루반죽은 진실이고 빵을 부풀리는 이스트는 거짓이다. 한국 사람에게 있어 밥은 진실이고 빵은 거짓이다. 그러나 우리는 불을 때서 가열해 밥을 짓고, 반찬을 만들어야 먹을 수 있는 밥을 밀어내고 손쉽게 먹을 수 있는 우유와 빵을 택하기도 한다. 반찬 없이 물만 있어도 먹을 수 있는 빵은 그 속에 든 설탕성분이 당뇨를 일으키게 하는 주범이 되기도 하니 거짓이라 해도 틀린 말이 아니다. 한국 사람이 밥은 삼시세끼 먹을 수 있지만 빵만으로 살 사람은 없는 것 같다. 따라서 한국 사람에게 빵은 위선이고 가식행위다. 우리가 중고등학교 시절에는 빵집에 가는 것이 큰 낭만이었고 소망이었다. 빵집에서 여학생과의 데이트는 우리들의 소원 같은 것이었다. 크리스마스 때면 으레 캐럴송이 흐르는 빵집 앞을 서성이기도 했다. 어릴 적 우리 집은 너무나 가난했다. 화전민의 자식이었던 나는 도시락을 싸가지 못하거나 옥수수밥, 감자밥을 싸가지고 가야 했다. 끼니를 거르는 아이들이 많았던 그 시절 정부에서 기아해소대책으로 내놓은 것이 빵을 하나씩 급식해주는 것이었다. 잡솜이나 실 부푸러기가 많이 들어있는 칠판지우개처럼 생긴 빵을 하나씩 선생님께서 나눠주시면 새카만 아이들의 얼굴에 함박꽃이 피어나곤 했다. 초등학교 2학년 때 초가집이었던 우리 집은 불이 나 전소되었다. 3학년 초에 어머니는 살기가 너무 버거워 담임이셨던 조성구 선생님을 찾아가 하소연했다. 담임선생님과 어머니는 서로를 붙들고 펑펑 우셨다고 한다. 그리고 교장선생님한테 말씀드려서 급식 빵 30여개를 보자기에 싸주셨다. 어머니가 가지고 온 빵을 본 우리 형제들은 너무 좋아 껑충껑충 뛰며 그 자리에서 몇 개씩 먹어치웠다. 그런 우리 어머니는 그 후 얼마 사시지 못하고 돌아가셨고, 그 빵을 주시던 담임선생님도 결혼에 실패 후 학교를 그만두셨다. 우리 형제들이 허기져서 마구 구겨 넣었던 빵은 진실이고 어머니와 조성구 담임선생님이 내 인생에서 없어진 것은 거짓이다.

하송리 골목길 국수집에 널려 있던 긴 국수발
영월 읍내를 가로지른 태백선 철길을 함께 걷던 친구
연당역에서 영월역까지 짧은 기차여행

철다리 세 번째 교각까지의 수영시합
할머니와 함께한 덕포시장 나들이
덕안당에서 들리던 열차의 기적소리
상동식당 부근 아주 깊게 파였던 철길 건널목
스포츠파크 지점 서강의 샛강 물소리
샛강에서 어항 놓아 잡던 피라미
하송리 사람들의 생명수였던 하늘샘
오무개 가는 길목의 콩나물공장
장릉 능동천의 가재잡이
봉래산 굴 물에서 더위를 식히던 여름밤 등목
대내동竹川洞 군부대 입영훈련
복다방 대원다방 우연다방
KBS 영월방송국 정오의 희망음악
방송국에서 발표한 고등학교 합격자 수험번호
장릉 연못과 동강 낙화암의 스케이트장
스케이트 날 칼갈이
얼음 축구와 따끈한 오뎅국물
마차에서 발전소까지 석탄운반용 삭도
겨울밤 방개떡장수 목소리
어머니의 다듬질소리
외가 옆에 있던 솜틀집
재봉틀소리
세상여행 마치고 떠나는 날의 요령소리

– 「내 기억에서 사라지는 것들의 목록」 전문

우리 곁에서 참 많은 것들이 사라졌다. 등잔불이 사라지고, 고무신이 사라졌다. 아궁이가 사라지고 질화로가 사라졌다. 놋그릇이 사라지고 호박푸렝이가 사라졌다. 양은그릇이 사라지고 호마이카상이 사라졌다. 지게가 사라지고 부림소가 사라졌다. 집토끼가 사라지고 토끼풀 뜯는 아이가 사라졌다. 사람들의 모내기가 사라지고 낫으로 벼베기가 사라졌다. 못밥이 사라지고 새참이 사라졌다. 가마니가 사라지고 멍석이 사라졌다. 말과 됫박이 사라지고 바가지가 사라졌다. 우물이 사라지고 두레박이 사라졌다. 펌프가 사라지고 등목이 사라졌다. 부지깽이가 사라지고 툇마루가 사라졌다. 벽장이 사라지고 시렁이 사라졌다. 벽장 속에 감춰두었던 갱엿이 사라지고, 문가에 올려둔 할아버지의 회초리가 사라져다. 창호지문이 사라지고 손바닥만한 유리창이 사라졌다. 설피가 사라지고 비닐우산이 사라졌다. 조선간장이 사라지고 장독대가 사라졌다. 자치기가 사라지고 구슬치기이 사라졌다. 고무줄놀이가 사라지고 말둑박기놀이가 사라졌다. 연싸움이 사라지고 쥐불놀이가 사라졌다. 자치기가 사라지고 땅따먹기가 사라졌다. 책보가 사라지고 양은도시락이 사라졌다. 교실의 나무난로가 사라지고 보리밥검사가 사라졌다. 박박머리가 사라지고 단발머리가 사라졌다. 채변봉투가 용의검사가 사라졌다. 바리깡이 사라지고 머리에 고속도로를 내던 선생님이 사라졌다. 이가 사라지고 이를 잡아 빨갛던 손톱이 사라졌다. 머릿니가 사라지고 참빗이 사라졌다. 책상 가운데 그었던 못 금이 사라지고, 책상 위에서의 연필따먹기가 사라졌다. 몽당연필이 사라지고 손 튼 아이가 사라졌다. 버들피리가 사라지고, 새둥지찾기가 사라졌다. 멱감기가 사라지고 유리어항이 사라졌다. 당산나무 아래 장기 두던 사람들이 사라지고, 숨바꼭질하던 아이들이 사라졌다. 뻥튀기장수가 사라지고 엿장수가 사라졌다. 수 없이 많은 것들이 우리의 주변을 떠나 추억의 책갈피로 들어가고 말았다. 영월 사람 엄의현 시인이 말하는 '내 기억에서 사라지는 것들의 목록'에는 5,60년에 출생한 세대들이 전국 어느 곳에서나 함께 살아왔던 풍경들이다. 그래서 추가해야 할 것들이 너무나 많다. 어떻게 그렇게 세상이 빨리 변하는지 정말 격세지감을 느낀다. 어릴 적 이웃집으로 쥐띠부인이나 손오공 등 라디오 연속극을 들으러 다니던 이야기는 호랑이 담배 피우던 시절의 이야기가 되었다. 따끈하게 군불을 땐 구들방에 삼삼오오 모여 앉아서 이불 속에 발을 뻗고 서로 아는 옛날이야기를 하던 친구들은 모두 떠나가고 사각의 공간에는 그리움만 가득 차 있다. 칡뿌리를 캐먹어 혓바닥이 새카맣던 아이와 오디를 따먹어 입술이 새빨갛던 아이는 그 많던 제비들과 함께 강남으로 떠나 돌아오지 않는다. 운동회 날 화약총을 쏘며 준비 땅을 외치던 하얀 바지의 선생님은 어디로 가셨을까? 6학년 형들의 기마전이 끝나면 3학년 아우들의 바가지 터뜨리기 게임이 시작되고, 청군 이겨라 백군 이겨라 열 띤 응원 속에 하늘을 쏟아져 내리던 오재미들……. 어느 한 팀이 끝내 박을 터뜨리면 "점심 맛있게 잡수세요."란 글씨가 박 속에서 터져 나오고, 수염 기른 마고자 차림의 할아버지와 지팡이 짚은 할머니까지 함께 모여 점심을 먹던 운동장 가 풍경이 눈에 선하다. 내 몸을 통해 체험된 모든 지나간 것들은 모두 그립다. 한동안 잊고 살았던 그리운 것들을 일일이 상기시켜준 엄의현 시인 덕분에 추억의 열차를 타고 70년대를 달려보았다.

세상살이 어려움의 대부분은
일이 아닌 인간관계
굽이굽이 세상여행 복병처럼 나타나는
미운 사람들에 초연할 수 있다면

100세 어르신께
미운 사람을 어떻게 해야 합니까
인생 지혜 물으니
"냅 둬 다 죽던데…"

꿈인지 생시生時인지 모를
서럽고 분한 눈물로 아침을 맞아도
분노의 칫솔질로 하루를 마감해도
소풍은 즐기는 것이다

– 「미운 사람을 어떻게 해야 합니까」 전문

엄의현 시인의 물음처럼 "미운 사람을 어떻게 해야 할까?" 사람이라면 누구나 느끼는 감정이며 풀어야 할 숙제다. 몇 년 전 나도 그런 경험을 했다. 양아치 같이 행동하면서 교회에 다니며 신분을 포장하고, 여성을 못

살게 굴면서 선한 사마리아사람처럼 행동하며 나를 모함했다. 나는 너무 분하고 치가 떨려서 나는 그를 죽이고 싶었다. 당시에는 날마다 그를 어떻게 죽일까 고민했다. 그의 과거와 미투 전력을 고발하여 그가 다니는 교회를 발칵 뒤집어놓고 싶었다. 쇠고랑을 채워 감옥에 보내고 싶었다. 그의 미투 전력과 못된 행동의 전력은 많은 사람들이 내게 와 증언해주었다. 충분히 승산이 있었지만 나는 철저히 잊기로 했다. 왜냐하면 그런 일을 벌이는 자체가 나를 더럽히는 결과를 낳기 때문이었다. 내가 지금 이런 글을 쓰는 이유는 아마도 그에 대한 증오심이 풀리지 않아서 그럴 줄 안다. 그러면서 나는 내가 어떤 사람에게 그렇게 미운 사람일 런지도 모른다는 반성을 해본다. 고등학교 때 등굣길 학교정문에서 선도부를 서며 복장불량이라며 수위실로 끌고 들어가 때렸던 그 후배 학생은 아마도 지금껏 내 이름을 기억하며 분노하고 있을 런지 모른다. 군복무시절 소독용 의료용기에 라면을 끓여먹다 내게 걸려 매를 맞은 의무실의 그 후임병 역시 나를 증오하고 있을 런지 모른다. 나를 떠나간 그 여자도 지금까지 나를 증오하고 있을 수 있다. 혹시 내가 몇 만원의 돈을 꾸고 안 갚은 사람도 나를 증오하고 있을 수 있다. 그래서 나는 반성한다. 그리고 나는 내가 그리도 미워하던 그 사람들을 잊기고 했다. 용서는 못해주어도 잊을 수는 있다. 인간에게 하나님께서 주신 최고의 선물이 있다면 망각이라는 선물이라고 했다. 망각이라는 선물이 없으면 미움 때문에 자기의 인생을 그르칠 수 있다. 일부러 잊으려고 애쓰는 게 아니라 자기의 삶에 충실하다보면 잊게 되는 것이다. 잊어야 한다. 나쁜 일이나 미운 사람만 잊는 게 아니라 죽도록 사랑했던 사람도 잊어야 한다. 나는 평생 동안 일찍 돌아가신 어머니에 대한 그리움으로 세월을 보냈다. 그래서 시인이 되었는지 모른다. 그런데 아버지께서 돌아가시자 어머니에 대한 그리움이 이상하리만치 싹 떠나고 말았다. 정말 신기하게도 아버지가 살아계실 때는 어머니가 너무나 그리웠는데, 연로하신 아버지께서 돌아가시니 어머니에 대한 그리움도 함께 끝났다. 그리고 어머니보다는 아버지가 더 그리워진다. 아버지에 대한 그리움은 아마도 곧 딸아이가 결혼해 사위를 데려오거나 아들이 결혼하여 며느리를 데려오게 되면 잊혀질 것으로 생각된다. 게다가 손자를 보게 되면 이 세상 모든 시름은 잊어버리게 될 것이 분명하다.

성탄절이 자기 생일이라고 우기는 여자가 있습니다 삼십육 년 전 한 친구의 결혼식에서 처음 만났습니다 그 시절에는 남들이 하고 사는 일들을 다하고 살겠다고 다짐하는 자리였습니다 그 후 대학로 바탕골 소극장에서 만났고 선잠을 자기도 했습니다 환갑을 지나고 보니 나와는 다른 인간형입니다 좀 게으르기는 해도 K양은 매력이 있고 괜찮은 여자입니다 여전히 성탄절을 자기 생일이라고 합니다 나는 그 여자의 생일은 성탄절로 하기로 했습니다

– 「K양」 전문

이 시에 있어 'K양'은 엄의현 시인의 아내이다. 어릴 적 성탄절은 축제의 날과 같았다. 조상숭배 사상이 팽배해 무조건 제사를 지내고 산소에 벌초를 하던 그 시절, 어머니들은 장독대에 물을 떠다놓고 치성을 드리거나 추수를 하면 시루떡을 해 장독대와 쌀광, 시렁과 부뚜막 등에 얹혀놓았다가 먹는 것이 신앙이었다. 마을 사람들은 아프거나 흉년이 들면 자주 무당을 불러다 굿을 했고, 서낭당에 새 깃발이 펄럭이거나 새로 과일이 바뀌는 날이 많았다. 아이들을 모두 일꾼으로 보던 부모님 아래서 교회에 나가는 것은 있는 집 자식이나 가는 것 같이 사치로 보이던 시절이었다. 때문에 성탄절은 남의 일 같았다. "탄일종이 땡땡땡 은은하게 울린다."라는 노래가 있듯이 교회에서 땡땡땡 탄일종이 울리면 뻥튀기를 얻어먹기 위해 교회를 가곤 했다. 그러다 중학교 1학년의 해가 바뀔 될 무렵에 크리스마스를 알게 되었다. 부모님이 어디를 가고 없거나 사랑방처럼 본채와 동떨어진 방에서 우리들은 회비 10원, 20원씩을 모아 자야, 라면땅, 뽀빠이, 건빵, 칠성사이다 등을 사다 놓고 삼삼오오 모였다. 중학교에 진학하지 못하고 공장에 갔던 여자 친구들까지 돌아와 오랜만에 만나는 그 자리는 막 사춘기가 시작돼 떨리고 부끄러운 자리였다. 그동안 무얼 하며 지냈는지, 앞으로의 희망은 무엇인지, 좋아하는 것은 무엇이며 등 자기소개를 할 때면 말을 더듬고 마주보는 이성 친구들의 까만 눈망울에 얼굴이 빨개지기도 했다. 그 후로도 해마다 크리스마스 파티는 이어졌지만 돈이 없거나 여물을 끓여야한다는 이유로 참석지 못하다가 어머니가 돌아가신 후 나의 크리스마스 파티는 소년시절과 함께 끝이 나고 말았다. 그 시절에는 따로 선물을 해주는 경우가 거의 없었다. 생일이라 해도 시루떡이나 수수팥떡을 해주고 생일상에 미역국에 김자반과 고등어자반이 올라가는 것이 최고의 선물이었다. 지금처럼 서로 선물을 주는 풍습은 거의 없었고 함께 어울리는 것만으로도 서로에게 큰 선물이었던 시절이 있었다. 엄의현 시인의 사모님이 성탄절을 자기 생일이라고 우기는 데는 이유가 있다. 선물을 받고 싶은 것이다. 시골에서 자란 남자들은 대부분 선물을 할 줄 모른다. 사랑은 표현해야만 한다고 한다. 아무리 속으로 사랑한다고 할지라도 말로 "사랑해"라고 표현하지 않으면 소용이 없다. 선물을 해주지 않는 남자들에게 선물을 받고 싶은 여자의 심정을 알 것 같다. 나는 성탄절이 이 세상 모든 여자들의 생일이라고 믿는다. 예수님이 난 날이 성탄절이지만, 그 춥고 지저분한 마굿간에서 아이를 낳은 성모 마리아를 생각하면 가슴이 아프고 눈물이 나올 것 같다. 그 젊은 엄마 마리아가 마굿간에서 예수를 낳기 위해 얼마나 많은 고통과 두려움 속에서 참으며 인내했을까 생각하니, 나를 낳고 얼마 살지도 못하고 돌아가신 우리 어머니가 생각난다. 예수님이 헤로데 임금 때에 유대 지역 베들레헴의 어느 마굿간에서 태어나자 동방에서 박사들이 예루살렘에 와서, "유다인들의 임금으로 태어나신 분이 어디 계십니까? 우리는 동방에서 그분의 별을 보고 그분께 경배하러 왔습니다."하고 말하였다고 한다. 아이를 낳은 이세상 모든 여성들은 마리아다. 아이를 낳은 모든 여성들은 경배를 받기에 충분한 사람들이다. 그러므로 성탄절은 예수님의 생일이지만 예수님을 낳은 마리아의 생일이기도 하며, 자녀를 낳은 모든 어머니들의 생일이기도 해 성탄절이 엄의현 시인의 아내인 'K양'의 생일이라는 주장은 맞는 말이다. 엄의현 시인께 부탁하노니 죽을 때까지 아내에게 성탄절을 챙겨드리기 바란다.

위에서 예를 들어 말한 엄의현 시인의 시들은 모두가 하나같이 감동이 있다. 일찍이 김종삼 시인은 그의 시 「민간인」에서 "1947년 봄 / 심야 / 황해도 해주의 바다 / 이남과 이북의 경계선 용당포 / 사공은 조심 조심 노를 저어가고 있었다 / 울음을 터뜨린 한 영아를 삼킨 곳 / 스무 몇 해나 지나서도 누구나 그 수심을 모른다"라고 했다. 사방은 조요하고 사공이 월남을 위하여 이남과 이북의 경계선에서 조심 조심 노를 저어가고 있을 때 갑자기 영아가 울음을 터뜨린 상황이라면 누구도 그의 입을 막았을 것이다. 하여 아이가 죽게 되고, 그 사공은 자유를 찾았으나 스무 몇 해가 지나서도 아이를 잃은 사공의 수심은 알 길이 없다는 것으로 해석할 수 있다. 또 김종삼 시인의 「장편掌篇 · 2」를 읽어보자면 "조선총독부가 있을 때 / 청계천변 십전 균일상(床) 밥집 문턱엔 / 거지소녀가 거지장님 어버이를 / 이끌고 와 서 있었다 / 주인 영감이 소리를 질렀으나 / 태연하였다 // 어린 소녀는 어버이의 생일이라고 //십전짜리 두 개를 보였다."라 쓰고 있는데, 거지 소년이 장님어버이의 생일이라며 십전짜리 두 개를 보여주는 상황은 독자에게 아무런 설명 없이도 크나큰 감동을 선물해주는데, 엄의현 시인의 시 「요리골목에서는 분粉냄새가 났다」, 「분노의 시간은 기억해야 한다」, 「삶의 행간을 읽는다」, 「연어는 왜 돌아오는가」, 「농협사거리를 지나다 보면」, 「내 기억에서 사라지는 것들의 목록」, 「미운 사람을 어떻게 해야 합니까」, 「K양」 등 8편을 읽어보니 아무런 설명 없이도 큰 감동을 이끌어내고 있다.

지금까지 엄의현 시인의 마음 숲에 자라고 있는 나무와 새소리, 물소리를 들어보았다. 엄의현 시인의 이 시집에는 다른 시집에서 볼 수 없는 몇 가지 특징을 지니고 있다. 첫 번째로 엄의현 시인의 시에는 인생 때가 보이지 않는다. 공자께서 시 삼백수를 읽어보니 사무사思無邪, 곧 사악한 마음이 없다고 하였는데, 청정지역 영월에서 나고 자라서 그런지 엄의현 시인의 시에는 사악함이 전혀 보이지 않는다. 누구를 음해하거나 시기하지 않는다. 누구를 부러워하지도, 맹목적으로 추종하지도 않는다. 오직 정도가 무엇인가에 무게를 두고 허물보다 감사함에 시야를 둔다. 두 번째로 엄의현 시인의 시에는 과장이 보이지 않는다. 과장법은 세상이 돈짝만하다거나, 문틈으로 황소바람 들어온다는 식으로 시의 특징 중 하나인데, 엄의현 시인의 시는 그런 과장이나 특별

한 수사법은 나타나지 않지만 진실, 즉 직접 경험하고 느낀 스토리를 바탕으로 시를 전개한다. 과장을 선택하기보다는 "요리골목, 박찬갑 전展, 분노의 시간, 노무현 서각전, 사라지는 것들, 시장골목" 등 그가 직접 체험으로 읽어낸 것들을 시로 써내기 때문에 과장법 이상의 설득력이 있다. 세 번째로 엄의현 시인의 시에는 도시와 사물이 없다. 엄의현 시인이 시편들은 모두 그가 고향 영월로 돌아와 쓴 시로 보인다. 때문에 다른 도시의 공산품 같은 흔적이 보이지 않는다. 그는 오직 영월에서 영월에 의한 영월을 위한 시를 써내고 있다. 그래서 그의 시에는 안경이라든지 도마라든지 자동차 같은 사물이 존재하지 않고 영월과 관련 깊은 "덕안당, 엄영수, 전정금, 보덕사, 태화산, 농협사거리, 수휴정, 영월의료원" 같이 건물이나 사람, 지명 등이 주류를 이룬다. 이는 곧 그의 몸과 마음이 모두 영월로 올인하고 있음을 보여준다. 향토출신 작가로서 이처럼 진정한 영월사랑을 보여주고 있는 엄의현 시인을 보유하고 있는 영월이 부러운 생각이 든다. 훌륭한 첫시집을 상재하시는 엄의현 시인께 우레와 같은 박수를 보낸다.

엄의현 시집
연어는 왜 돌아오는가

초판인쇄일 2020년 11월 20일
초판발행일 2020년 11월 27일

지은이 : 엄의현
발행인 : 김순진
편집장 : 전하라
디자인 : 김초롱
펴낸곳 : 도서출판 문학공원
등　록 : 2004년 3월 9일 제6-706호
주　소 : 우편번호 03382 서울 은평구 통일로 633
녹번오피스텔 501호 스토리문학사
전　화 : 02-2234-1666
팩　스 : 02-2236-1666
홈페이지 : www.munhakpark.com
이메일 : 4615562@hanmail.net

※ 책값은 뒤표지에 있습니다.

※ 이 시집은 한국예술인복지재단의 2020년 하반기 창작준비금지원사업에 선정되어, 출판비를 지원받아 제작되었습니다.